Word Search Book For Kids Ages 4-8 From 'A-Z'

BRAIN TRAINER

A SPECIAL REQUEST PLEASE

A simple review on Amazon really helps us out! If you could take some time to leave one, you are awesome!

© Copyright 2019 - All rights reserved.

The content contained within this book may not be reproduced, duplicated or transmitted without direct written permission from the author or the publisher. Under no circumstances will any blame or legal responsibility be held against the publisher, or author, for any damages, reparation or monetary loss due to the information contained within this book. Either directly or indirectly. You are responsible for your own choices, actions and results.

Legal Notice: This book is copyright protected. This book is only for personal use. You cannot amend, distribute, sell, use, quote or paraphrase any part, or the content within this book, without the consent of the author or publisher.

Disclaimer Notice: Please note the information contained within this document is for educational and entertainment purposes only. All effort has been executed to present accurate, up to date, and reliable, complete information. No warranties of any kind are declared or implied. Readers acknowledge that the author is not engaging in the rendering of legal, financial, medical or professional advice. The content within this book has been derived from various sources. Please consult a licensed professional before attempting any techniques outlined in this book.

By reading this document, the reader agrees that under no circumstances is the author responsible for any losses, direct or indirect, which are incurred as a result of the use of the information contained within this document, including, but not limited to, — errors, omissions, or inaccuracies.

'A' Letter Puzzle

H	H	Q	B	X	N	E	D	I
V	A	N	Z	Q	E	G	Z	A
X	A	C	T	O	R	A	Q	B
U	P	A	D	D	G	E	T	O
L	R	K	R	E	L	M	C	U
A	L	I	V	P	A	K	A	T
F	J	O	P	D	O	D	E	I
J	B	A	D	G	F	A	M	D
A	G	I	A	U	U	F	K	H

ABOUT   ABOVE

ACTOR   APPLE

ACT   ADD

'B' Letter Puzzle

W	H	B	V	M	B	K	V	B
T	V	S	J	A	H	I	C	D
Q	M	G	S	X	K	P	T	Y
S	A	E	S	B	P	D	B	J
B	T	D	H	M	G	P	A	B
N	K	A	U	W	M	J	L	A
R	Z	B	A	B	Y	U	L	C
S	M	F	J	F	B	W	L	K
S	U	G	Z	I	B	Y	Q	C

BABY   BASE

BACK   BALL

BAD   BAG

'C' Letter Puzzle

C	V	Z	S	E	W	I	W	Y
V	A	F	N	A	H	U	H	I
Y	E	N	S	H	L	J	M	L
G	Y	Z	D	L	T	L	B	Z
W	W	J	A	L	Q	A	K	R
R	F	C	Y	R	E	F	Q	A
D	U	C	A	K	E	N	G	C
V	D	W	C	A	P	D	Q	O
T	C	A	N	D	L	Q	C	K

CANDLE   CAKE

CALL   CAN

CAP   CAR

'D' Letter Puzzle

D	O	W	N	X	D	L	K	J
X	D	V	D	R	E	A	M	C
M	U	O	A	D	O	E	Q	S
D	E	W	R	N	Q	L	G	N
P	O	Q	J	R	A	B	D	K
F	C	G	S	P	A	U	G	R
R	M	M	U	N	M	O	T	X
B	E	D	O	O	R	D	H	F
T	F	Q	R	V	J	H	H	N

DOUBLE   DREAM

DOOR   DOWN

DRAW   DOG

'E' Letter Puzzle

J	S	E	A	S	T	C	U	S
Q	E	W	P	Y	L	P	J	K
S	C	T	E	K	V	W	N	J
K	E	S	V	D	C	W	O	S
P	J	A	A	Q	N	H	E	P
N	B	A	R	E	T	A	O	N
R	A	L	R	R	S	U	M	Y
A	U	P	A	Y	V	I	J	Y
E	C	E	E	A	R	L	Y	Q

EARLY   EARTH

EARN   EAST

EASY   EAR

'E' Letter Puzzle

```
J  S  E  A  S  T  C  U  S
Q  E  W  P  Y  L  P  J  K
S  C  T  E  K  V  W  N  J
K  E  S  V  D  C  W  O  S
P  J  A  A  Q  N  H  E  P
N  B  A  R  E  T  A  O  N
R  A  L  R  R  S  U  M  Y
A  U  P  A  Y  V  I  J  Y
E  C  E  E  A  R  L  Y  Q
```

EARLY   EARTH

EARN   EAST

EASY   EAR

'F' Letter Puzzle

H	U	K	E	Y	L	N	H	B
Y	J	G	T	S	A	F	V	F
M	E	H	C	W	S	A	J	E
P	O	K	G	D	T	T	U	A
H	E	E	M	U	L	H	F	R
U	G	G	F	R	U	E	S	L
T	F	A	T	Q	A	R	R	F
S	G	E	M	E	F	F	J	V
D	G	B	H	E	H	R	E	H

FATHER   FAULT

FARM   FAST

FEAR   FAT

'G' Letter Puzzle

V	M	U	G	C	G	V	I	V
I	K	T	E	P	G	Q	U	S
V	I	E	Y	I	S	U	K	K
E	A	N	F	A	Y	Q	E	G
A	W	T	V	G	O	Q	M	E
H	F	E	O	H	O	R	T	T
Q	P	V	A	G	L	A	D	K
G	K	I	G	Y	U	O	T	Q
T	W	G	S	S	A	L	G	D

GLASS   GIFT

GIVE   GLAD

GOAT   GET

'H' Letter Puzzle

H	K	N	N	C	W	R	J	H
I	P	B	E	V	D	J	I	U
L	U	A	E	M	U	G	E	U
L	W	M	U	I	H	D	L	C
H	R	M	Y	B	I	A	I	B
E	U	K	H	H	E	R	E	H
U	L	V	A	Q	H	E	R	X
J	E	O	L	T	R	F	K	U
G	C	G	N	H	E	R	S	T

HERE   HERS

HIDE   HIGH

HILL   HER

'I' Letter Puzzle

```
M  I  D  E  A  E  L  R  U
O  D  I  N  V  E  N  T  P
O  Q  C  X  G  B  N  E  W
Q  A  Q  A  E  J  D  P  K
F  I  H  C  P  I  S  B  H
L  N  I  I  S  S  Q  O  T
Q  L  C  N  M  R  P  T  O
L  A  I  I  R  D  H  N  I
I  J  E  T  I  V  N  I  P
```

INSIDE   INVENT

INVITE   IDEA

INTO   ICE

'J' Letter Puzzle

T	Q	U	C	S	T	D	K	L
A	B	E	B	B	O	J	I	G
J	O	I	N	V	N	L	V	U
C	A	C	G	Y	F	S	C	E
A	G	V	P	L	K	B	Y	C
J	T	A	Q	L	Q	Y	Q	I
P	S	P	P	E	U	J	K	U
T	U	G	S	J	V	M	G	J
C	J	U	M	P	F	J	Q	O

JELLY   JUICE

JOIN   JUMP

JUST   JOB

'K' Letter Puzzle

R	G	O	G	B	O	V	Q	U
W	Y	W	S	K	K	M	K	V
V	F	A	G	N	I	K	E	Y
L	U	E	W	I	A	T	E	N
Y	A	L	T	J	I	C	P	A
D	Y	Y	S	K	A	Y	Y	M
I	K	F	Y	A	E	J	U	M
K	W	E	E	K	D	E	Y	D
W	K	V	A	D	N	I	K	K

KEEP   KIND

KING   KITE

KEY   KID

'L' Letter Puzzle

T	H	D	A	E	L	U	V	M
G	J	O	A	O	R	C	Q	T
P	N	L	C	O	F	S	A	B
B	R	A	A	H	A	F	O	B
G	A	U	O	Z	F	A	M	H
O	E	G	E	W	Y	E	S	Q
G	L	H	V	A	S	L	K	R
L	E	A	V	E	U	I	C	G
U	S	O	G	A	Z	O	J	K

LAUGH   LEARN

LEAVE   LAZY

LEAD   LEAF

'M' Letter Puzzle

G	P	H	H	S	U	N	Y	W
X	D	J	E	Q	M	Y	F	M
M	M	K	L	T	A	I	N	O
O	G	A	A	R	R	M	K	N
Y	E	E	Y	E	R	E	B	G
M	M	D	O	T	Y	A	E	I
F	T	G	M	T	Y	N	S	R
J	T	M	Y	A	Q	I	Y	J
F	C	I	L	M	S	R	L	G

MATTER   MARRY

MEAL   MEAN

MEAT   MAY

'N' Letter Puzzle

M	S	K	M	B	E	Q	N	R	B	Q	P
B	L	G	Q	H	V	A	W	E	D	G	C
J	L	S	S	D	T	N	E	H	A	W	D
B	E	Q	W	I	N	R	E	N	I	R	A
L	L	S	O	E	U	N	B	E	G	E	M
I	D	N	C	T	M	A	Y	R	D	A	J
O	E	K	A	H	B	R	L	K	M	V	W
M	E	N	Q	E	B	R	R	A	U	L	P
U	N	L	F	M	G	O	A	H	L	Q	I
M	D	Q	T	I	Q	W	E	W	G	D	I
E	H	M	Q	A	Q	O	N	E	B	K	W
C	Q	Q	E	M	A	N	L	R	J	E	I

NARROW   NATION   NATURE
NEARLY   NEEDLE   NAME
NEAR   NECK   NEED

'O' Letter Puzzle

A	L	N	F	V	A	D	L	J	C	O	P
S	I	Q	S	T	U	H	G	L	B	B	O
G	E	E	D	O	B	Q	Y	J	O	N	F
E	D	M	Y	S	B	O	E	L	P	E	F
O	W	E	F	D	S	C	I	C	D	T	D
S	B	N	Q	O	T	P	Y	L	J	F	J
O	H	S	T	C	T	Y	L	S	E	O	M
A	M	G	R	E	F	F	O	A	I	U	V
F	A	R	W	A	W	M	P	Q	H	V	I
I	Q	L	V	N	O	F	F	I	C	E	S
S	M	J	E	W	D	L	O	Y	W	Y	K
D	I	N	U	Y	D	R	K	J	P	Q	O

OBJECT   OFFICE   OCEAN

OFFER   OFTEN   OBEY

OFF   OIL   OLD

'P' Letter Puzzle

J	C	O	C	U	L	Q	L	Y	S	K	K
F	L	W	W	P	I	L	L	R	F	K	P
Y	J	P	Q	M	P	F	P	E	H	G	O
I	K	V	F	E	A	L	G	U	I	D	K
P	T	P	L	A	N	E	A	P	D	P	W
E	I	E	C	A	L	P	C	N	N	V	N
Q	X	N	M	F	C	I	I	P	T	I	F
Y	E	Y	K	S	H	P	T	R	E	R	P
G	E	H	O	G	V	W	S	T	S	Y	J
S	J	T	E	K	Q	B	A	Y	D	S	S
A	P	N	T	P	I	L	L	A	P	V	B
N	K	R	U	V	P	D	P	B	V	G	I

PLASTIC   PLACE   PLANE

PLANT   PLATE   PILL

PINK   PIG   PIN

'Q' Letter Puzzle

```
Q U A C K P E J Q U E A
B B I L B E T B U N W Q
E K Y O H G R O E V Q U
N C Y B K F Q P S H J I
Q Q J C W C G N T G A T
J U I T T N E L I V E E
W U O S L E U O O V G B
Q J E T U Q N H N S I K
S U E Q E O R I P F B B
Q L S H Q U A I L H C H
J H N T E I U Q S Y B G
E A I O B A H U Q G W U
```

QUESTION   QUEEN   QUICK
QUIET   QUITE   QUAIL
QUOTE   QUEST   QUACK

'R' Letter Puzzle

```
R A D I O I R T M O D R
D J P T T Y K R N V E A
D T R W N R V Q K A C M
T D E A I S E Y L I B M
O S A C A L N A G I P O
Y Y C I R R K M L W F M
D R H S B Y W U N L R Q
U A K E S I A R Y O Y I
R I P V J N G D C A V I
J N I S G U A F C V T S
U Y G V U E M M D A E R
H S S Y R M I R R T M N
```

REALLY	RADIO	RAINY
RAISE	REACH	READY
RAIN	READ	REAL

'S' Letter Puzzle

```
M T B P O V H E J J R D
P S S P G R O T S K S Q
D A C W P B Q A I I A M
U F H C Y M I B Q H M G
T E O O S L S A L T E L
F U O E Q T U I T Y M Y
L B L Q K A A E U B A A
F R F C U D S L Y K G M
L A F S N A W A W D A S
E S Y A W Q S W G E L R
V E S B J K O F S G M T
E R J E N Q D Q E V A S
```

SCHOOL   SAFE   SAIL
SALT   SAME   SAND
SAVE   SAD   SAY

'T' Letter Puzzle

T	Q	H	O	F	T	E	D	K	O	E	T
G	A	E	Q	G	P	P	O	M	S	E	I
Q	L	L	I	W	L	L	A	T	A	U	C
K	Y	P	K	H	R	C	B	M	A	E	T
H	H	T	C	U	U	E	M	I	I	B	S
V	U	A	K	S	I	V	W	O	E	B	G
U	E	X	B	K	K	B	W	L	I	F	B
T	L	I	D	G	Q	P	B	C	V	Q	K
B	Y	I	E	B	E	A	J	U	J	N	J
F	G	A	K	F	T	S	L	W	T	Y	K
M	G	C	A	A	C	Y	S	F	K	B	W
I	G	J	T	A	S	T	E	F	E	I	D

TABLE   TASTE   TEACH
TAKE   TALK   TALL
TAXI   TEAM   TEA

'U' Letter Puzzle

```
U Q V U N I T M C X Y U
J Q U N D E R V T R T O
K Q R R B R L A N B L E
U L H Y D A Q M N T B P
U I Q Q W K X U K N P Y
I S D A A Q K N Y T G L
Y J E L L S D U U L L A
A T U F I C L O S S P A
P F S T U R J U G A E U
O U N T H L A R N J A S
S U W O U L E L C N U U
D G U R R C K B K I Q B
```

USUALLY   USEFUL   UNCLE

UNDER   UNTIL   USUAL

UNIT   UNDO   USE

'V' Letter Puzzle

W	S	V	P	K	D	S	P	S	K	Y	B
D	E	I	I	Y	V	G	Y	F	I	I	D
D	T	S	U	M	P	O	K	B	S	N	H
P	B	I	W	H	G	Q	I	Q	Y	M	A
T	A	T	C	O	B	G	E	C	D	D	U
Q	H	F	T	A	V	G	R	E	E	M	Q
G	O	V	Y	V	A	M	P	I	R	E	T
S	Y	G	P	L	P	X	H	I	F	F	V
E	R	G	L	U	A	V	O	T	E	A	E
V	E	I	V	L	M	D	H	B	S	T	D
N	V	U	B	A	Q	J	V	E	U	H	U
E	L	G	W	N	L	S	N	A	V	C	U

VILLAGE   VAMPIRE   VOICE
VISIT   VERY   VOTE
VASE   VAN   VOW

'W' Letter Puzzle

```
N B U E L J U R I S S J
O G O W W A N T Q T F V
T Q O G Y A V D V M G P
P C W D I H Z Q A T N M
W B E A E E C D S I Y Y
O A V N L V C T L E D L
Z B S R R K M G A U G B
S J G T C L D M W W E H
U U I P E O R R A R K S
W T N W G A W J I V A A
Q W R F W O R W T H W W
C T L N A D R E T A W J
```

WASTE	WATCH	WATER
WAIT	WAKE	WALK
WANT	WARM	WASH

'X' Letter Puzzle

W	U	C	B	C	J	H	C	B	Y	I	Y
T	U	B	Q	E	Q	B	C	D	D	A	L
K	V	P	Q	C	A	T	D	Q	X	B	G
Y	E	C	S	F	X	E	R	O	X	B	F
F	K	N	P	S	L	G	G	G	E	T	H
T	X	B	D	X	-	R	A	Y	Y	O	Y
S	K	E	J	I	S	B	X	E	G	I	A
Y	I	A	N	C	O	E	F	P	T	J	I
X	O	P	K	O	N	H	E	K	R	K	J
W	J	E	C	O	P	R	P	D	H	K	T
E	E	H	N	G	S	S	I	I	L	J	R
R	C	Y	S	I	T	A	B	C	X	J	L

XIPHOID   XENOPS   X-RAY
XENON   XEROX   XYST

'Y' Letter Puzzle

T	A	B	W	J	M	E	T	J	K	N	Q
D	N	Y	Y	U	I	M	N	I	D	Q	Y
I	T	Y	D	U	U	A	V	W	K	J	I
Q	G	R	U	O	Y	S	O	G	C	Y	A
B	N	S	Y	E	T	L	V	K	Y	O	A
P	U	T	E	Y	L	J	Y	P	H	U	L
G	O	M	R	E	E	O	Y	H	V	R	U
B	Y	N	Y	A	U	A	Q	E	N	B	Q
R	R	Q	W	R	Q	S	R	W	S	V	C
Y	P	M	E	L	W	Q	A	W	P	S	L
F	G	E	U	V	N	Y	L	Y	B	K	V
A	Y	G	L	N	V	N	I	F	T	H	D

YELLOW   YOUNG   YEAR
YOUR   YOUR   YAWN
YES   YET   YOU

'Z' Letter Puzzle

W	R	C	B	Y	F	Q	K	U	H	U	Q
V	Z	I	I	P	G	A	T	N	O	Z	C
F	E	O	P	O	Y	B	D	O	I	O	M
I	R	R	O	T	H	V	A	Q	M	N	J
F	R	E	F	I	V	U	F	R	F	E	Z
R	R	Z	Y	T	M	I	M	Z	O	O	S
X	Q	Y	T	P	M	H	Y	K	O	K	Z
U	K	Z	E	B	R	A	O	M	W	B	I
C	T	E	A	P	A	Z	O	R	P	Q	T
W	B	Y	L	H	U	H	T	C	E	I	H
A	A	C	I	A	U	C	K	R	X	S	Z
O	T	N	T	S	Y	I	C	N	I	Z	E

ZEBRA   ZERO   ZOOM
ZONE   ZINC   ZOO
ZIT   ZIP   ZAP

'A' Letter Puzzle Solution

'B' Letter Puzzle Solution

'C' Letter Puzzle Solution

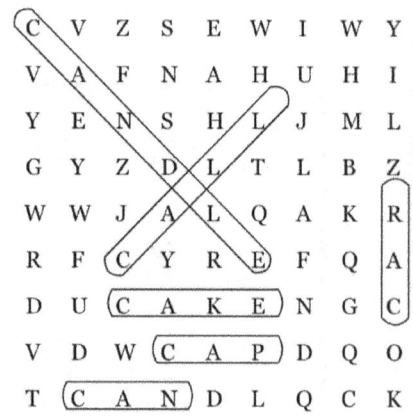

'D' Letter Puzzle Solution

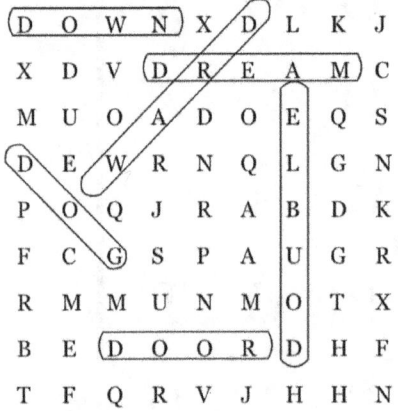

'E' Letter Puzzle Solution

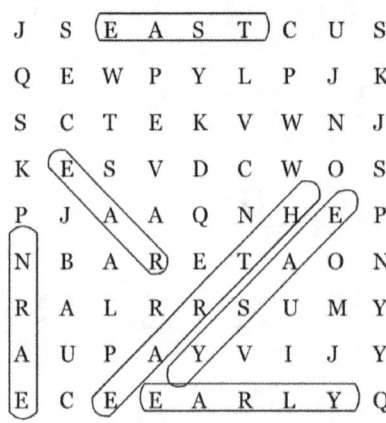

'F' Letter Puzzle Solution

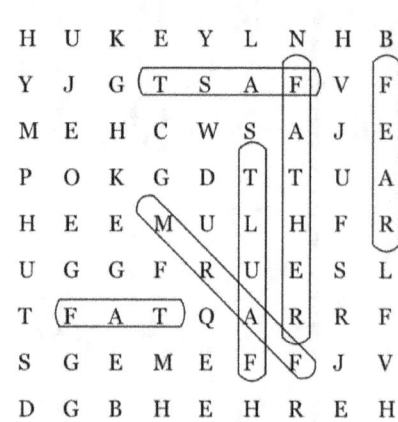

'G' Letter Puzzle Solution

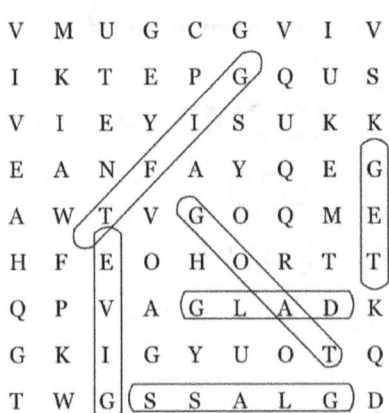

'H' Letter Puzzle Solution

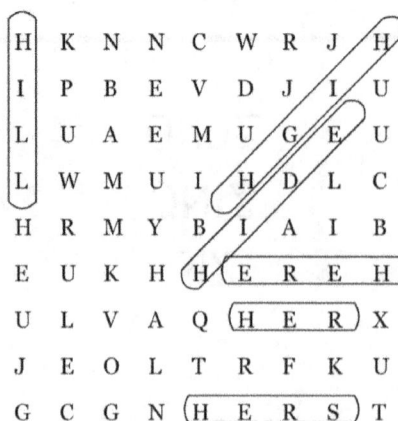

'I' Letter Puzzle Solution

'J' Letter Puzzle Solution

'K' Letter Puzzle Solution

'L' Letter Puzzle Solution

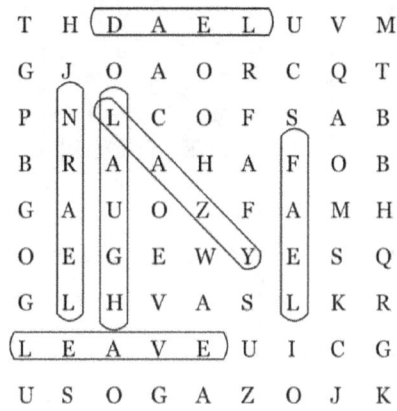

'M' Letter Puzzle Solution

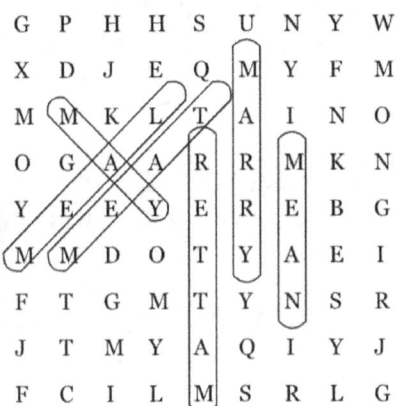

'N' Letter Puzzle Solution

'O' Letter Puzzle Solution

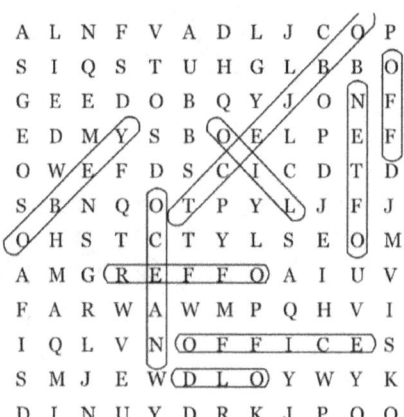

'P' Letter Puzzle Solution

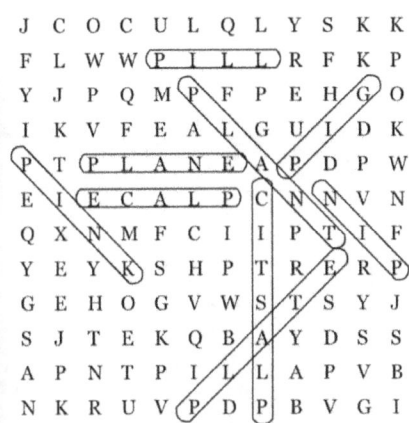

'Q' Letter Puzzle Solution

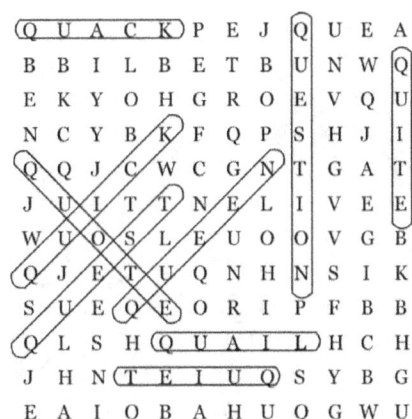

'R' Letter Puzzle Solution

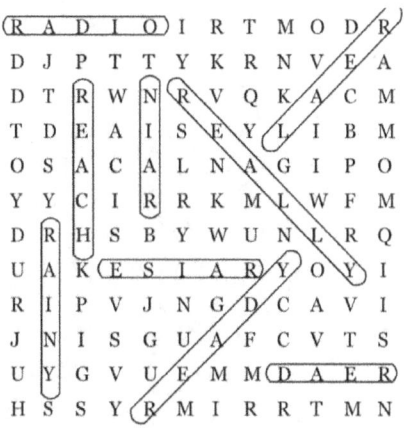

'S' Letter Puzzle Solution
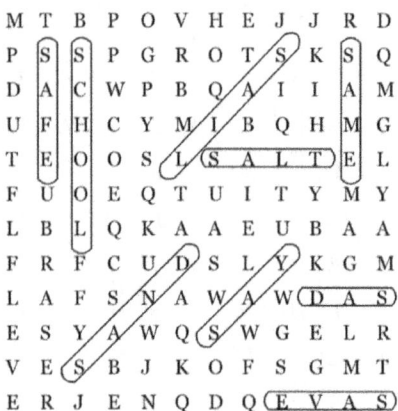

'T' Letter Puzzle Solution
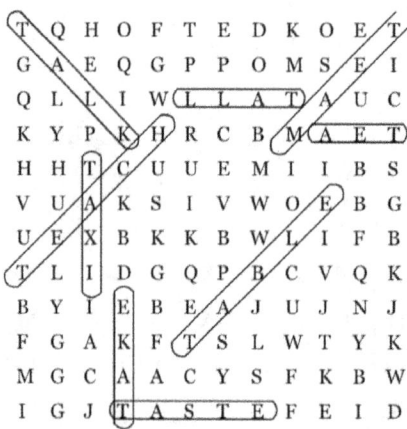

'U' Letter Puzzle Solution
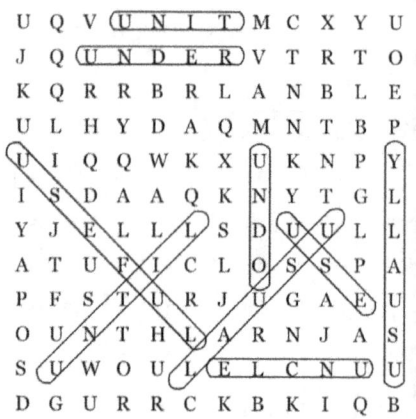

'V' Letter Puzzle Solution
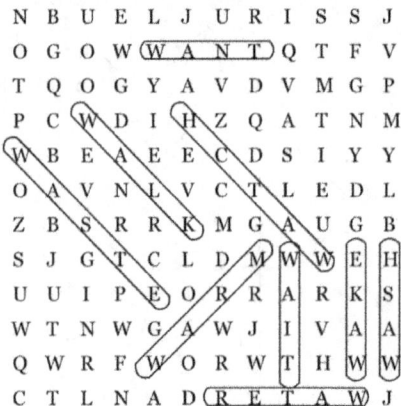

'W' Letter Puzzle Solution
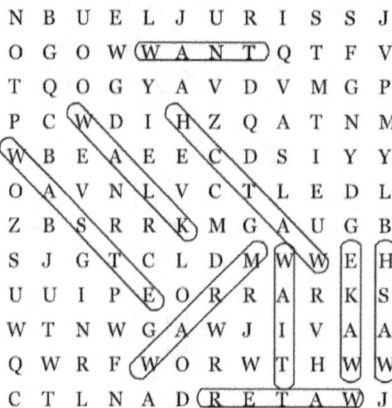

'X' Letter Puzzle Solution
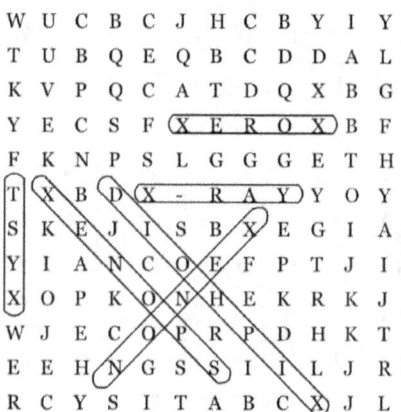

'Y' Letter Puzzle Solution
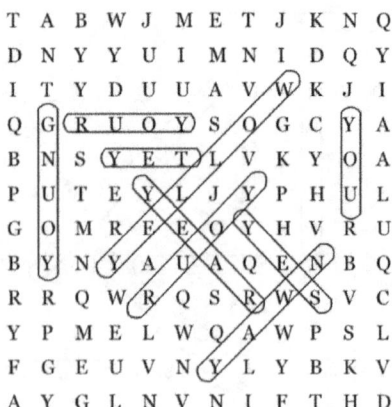

'Z' Letter Puzzle Solution
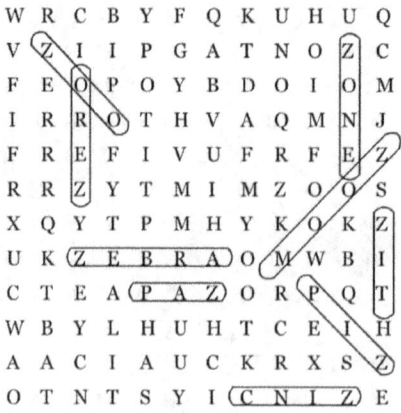

IF YOU ENJOYED THIS BOOK AT ALL IT WOULD MEAN THE WORLD TO US IF YOU COULD LEAVE A QUICK REVIEW! IT REALLY HELPS US OUT :)

THANK YOU IN ADVANCE

www.ingramcontent.com/pod-product-compliance
Lightning Source LLC
Chambersburg PA
CBHW081238080526
44587CB00022B/3982